Étienne et la Croisade des enfants

Nous sommes en 1212. Les chrétiens sont établis en Palestine et en Syrie ; le commerce les enrichit, la paix règne tant bien que mal entre les communautés. Seulement, Jérusalem est toujours aux mains des musulmans, ce que le pape n'accepte pas.

Avant de lancer une nouvelle croisade, il faut préparer les esprits. Les prêtres s'en chargent aussi bien dans le domaine du roi de France que dans les provinces, comme l'Anjou, la Touraine, le Poitou... Dans les campagnes, l'émotion est très vive, car au Moyen Âge la religion joue un rôle essentiel dans la vie de chacun.

Étienne

C'est un jeune berger de douze ans,
originaire de Cloyes-sur-Loir,
non loin de Châteaudun.
Il dit que le Christ lui est apparu
et lui a commandé de partir en croisade
pour délivrer son tombeau à Jérusalem.

Clément

Jeune paysan
de Cloyes.
On le surnomme
le Fort, ou bien
le Rude.
Il a quatorze ans.

Martin

Cousin de Clément.
Orphelin, il est doux,
maladroit et peureux.
Il a treize ans.

Jeanne

C'est la sœur
de Clément.
Elle a douze ans,
elle aussi, et s'est
déguisée en garçon
pour suivre Étienne.

1

Le départ

Ce matin d'été, le village s'agite. Par familles entières, les habitants quittent leurs maisons aux toits de chaume, et se dirigent vers l'église où le jeune berger Étienne les attend. Ce dernier se tient sous le porche, souriant, la besace sur l'épaule, le bourdon[1] à la main, une croix de feutre cousue à la chemise.

Petit à petit, d'autres enfants se placent derrière lui ; ils sont nombreux ceux qui vont l'accompagner, certains avec l'accord de leurs parents, et d'autres sans. Le curé a répété, après Étienne : « Dieu le veut », et rares sont ceux qui osent s'opposer à la volonté divine.

Clément avance dans la ruelle, où des porcins divaguent librement, le groin à terre, cherchant quelque nourriture. Sa silhouette est déjà forte en dépit de son jeune âge. Ce n'est pas pour rien qu'on le surnomme *le Rude*. Marchant à ses côtés, sa mère lui parle d'une voix insistante :

- Martin ira avec vous, que tu le veuilles ou non. Ton cousin doit gagner lui aussi sa place au paradis.

- Malheur ! Ce sera comme marcher avec une pierre dans la chaussure. Déjà qu'il me faut m'encombrer de la Jeanne.

Jeanne sursaute, son fin visage rougit d'indignation. Elle va répondre vertement à son frère, mais son père

---

1. Bourdon : bâton de pèlerin, fait d'une forte branche d'arbre, parfois pointue à son extrémité.

la devance, déclarant d'un ton sans réplique :

- Clément fera ce qu'on lui dit ! Quant à Martin, il tiendra sa place sans gêner personne. Pas vrai, garçon ?

Martin sursaute, approuve, mais se trouble ; il trébuche, manque de tomber et lâche le baluchon qu'il porte.

- Vous voyez, s'exclame Clément. Ça promet.

Jeanne hausse les épaules ; elle aime bien son cousin malgré sa fragilité apparente, sa maladresse, sa timidité. Il est venu habiter dans sa famille depuis la mort de ses parents, emportés par la dernière épidémie de peste. Jeanne lui prend le bras et l'entraîne. Des filles l'interpellent au passage, étonnées, car elle a maintenant les cheveux coupés court, et porte, comme un garçon, un pantalon et une chemise de toile. Des vêtements pratiques pour les grands chemins.

Il y a foule devant l'église. Enfants et adolescents ne viennent pas seulement du village, mais aussi des alentours. Le bruit s'est vite répandu que le Christ était apparu à un petit berger, lui commandant d'aller par-delà les mers, à Jérusalem, la Ville sainte.

Le curé bénit les paysans, enfants et adultes, qui entonnent avec ferveur des chants religieux. Les parents ne veulent pas penser aux dangers d'une longue route. Dieu le veut. Ils regardent avec émotion celui qui va conduire leurs petits, cet Étienne, hier encore un simple garçon semblable aux autres, aujourd'hui un saint, chargé d'une mission divine. Ils embrassent leurs enfants, les serrent contre eux une dernière fois.

- Vous reviendrez vite, disent-ils, sans trop le croire.

Étienne lève son bourdon de pèlerin pour indiquer qu'il est temps de se mettre en marche ; son visage rayonne de joie et de fierté.

- Oh, là, là ! soupire Martin à l'oreille de sa cousine.

Une sourde crainte lui serre le cœur et l'estomac ; jamais encore il n'a quitté son village, même pour un seul jour. L'inconnu lui fait peur.

- Et puis, ajoute-t-il à l'adresse de Jeanne, j'ai oublié ma gourde d'eau à la maison.

- Tais-toi, réplique la fillette, que Clément ne t'entende pas. Quand tu auras soif, tu n'auras qu'à me demander.

Martin se gratte la tête, il regrette sa gourde, creusée avec soin dans une grosse courge, séchée au soleil, et pourvue d'une tresse d'osier afin de la porter sur l'épaule.

2

Par les chemins

Ils sont maintenant des centaines et des centaines à cheminer derrière Étienne. C'est comme une vague qui roule à travers la campagne.

Aux nouveaux venus, le jeune berger répète les paroles qu'il dit avoir entendues de la bouche même de Jésus : Jérusalem est le centre du monde. Quand les **croisés** arriveront, les « **infidèles** » prendront la fuite sans combattre. Aucun chrétien n'aura faim, personne ne souffrira de maladie dans ce pays de rêve, baigné par des rivières de lait et de miel. Étienne sait trouver le chemin des cœurs en parlant, sa voix est douce, persuasive.

En attendant, il faut marcher, encore et encore. D'abord en direction de Paris, la grande ville, car Étienne veut que le roi en personne bénisse la **croisade**. Il faut aussi manger et boire. Les enfants ont emporté peu de provisions, ils chassent et pêchent. Et c'est l'occasion pour Clément de s'en prendre à son cousin, incapable d'abattre un oiseau à l'aide d'une pierre, ou de saisir un poisson au bord d'un ruisseau, malgré toute sa bonne volonté :

- C'est tout de même pas difficile de rester immobile, ta baguette pointée à la main au-dessus de l'eau. Dès que le poisson ne bouge plus, hop, tu lui enfonces la baguette dans le corps. Bien sûr, il ne faut pas s'endormir...

Les enfants vivent aussi de larcins et de mendicité. De plus, on leur offre souvent du pain lorsqu'ils passent près d'une **abbaye** ou d'un **couvent**, et même dans certains villages.

D'autres lieux habités, en revanche, se ferment devant eux. Les villes en particulier, qui dressent leur pont-levis ou abattent leurs lourdes grilles ferrées. La troupe fait peur, en effet. Surtout qu'à la suite des enfants marchent des vagabonds de rencontre, des paysans à la mine farouche, porteurs de bâtons et de haches. Parfois aussi les accompagnent, le temps d'une étape, des jongleurs ou des montreurs de bêtes, allant d'une foire à un château, ou d'une **bourgade** à un lieu de **pèlerinage**.

Un jour, les jeunes croisés arrivent ainsi devant une cité riche, Saint-Quentin sur l'Aisne, dont les portes sont closes. Une haute muraille l'entoure afin de protéger ses habitants, entassés dans des maisons hautes, serrées les unes contre les autres.

Il fait très chaud, l'orage menace, les enfants ont faim et soif, ils sont fatigués par une longue marche. Ils crient, appellent à l'aide. Au sommet des remparts on se dispute à leur propos. Certains habitants craignent le pillage, d'autres disent qu'il faut aider ces petiots engagés dans la plus noble des entreprises.

Le ton monte, les disputes se transforment en échanges de coups. Les croisés appellent toujours à l'aide, à la charité…

Soudain, la porte principale de la ville s'ouvre entre ses deux tours rondes. Avec de grands cris, les enfants se précipitent pour la franchir. Mais des gens d'armes

viennent à leur rencontre, veulent les repousser, frappant du plat de leurs épées, brandissant leurs piques. Une bataille générale s'engage entre les enfants et les soldats.

Clément se sent à son affaire. Il brandit son bourdon, cogne à tour de bras, hurlant à pleine gorge. Martin, lui, est affolé, ballotté parmi les combattants, cherchant à éviter les coups et à ne pas perdre Jeanne dans la foule.

À la fin, les combats cessent, mais il y a eu des blessés et même des morts. Les enfants s'installent tant bien que mal au pied des murailles d'enceinte ; des âmes charitables apportent de l'eau, des miches de pain, des marmites de soupe.

Étienne va de groupe en groupe, répète que le chemin à parcourir est escarpé, semé de durs obstacles, mais que le paradis est au bout.

Martin fait la tête, allongé sur l'herbe, sans répondre à sa cousine qui lui demande ce qu'il a. Il ne va tout de même pas lui avouer la raison de sa bouderie : il a été blessé lui aussi tout à l'heure. Oh, une simple écorchure, seulement elle est bien mal placée, dans le gras de sa fesse gauche. Il ne manquerait plus qu'elle propose de le soigner, en appliquant sur la blessure, comme au village, des herbes bouillies ou un quelconque remède de sorcière à base de chair de grenouille ou de peau de serpent.

3

Le roi de France

La marche reprend, Paris s'annonce enfin. Le roi de France se trouve à Saint-Denis, où il va recevoir Étienne et quelques-uns de ses compagnons.

Si Philippe Auguste accepte de rencontrer un simple berger, c'est parce que celui-ci rassemble derrière lui un nombre considérable d'enfants, et que sa renommée ne fait que grandir.

Pour le reste, le roi est nettement réservé. Il connaît les croisades, ayant participé à l'une d'entre elles, en compagnie de Richard Cœur de Lion, roi d'Angleterre, et de l'empereur d'Allemagne. Ce dernier s'était noyé en route dans une rivière. Quant à Richard, il n'avait jamais pu s'entendre avec lui. Philippe Auguste était donc resté peu de temps en **Terre sainte**, et c'est Richard Cœur de Lion qui avait signé un accord avec Saladin, le chef des «infidèles», après bien des batailles.

Aujourd'hui, la paix règne à Jérusalem ; le roi de France n'a nulle envie de rompre la trêve, en dépit de la volonté du pape et des prêtres de reconquérir la Ville sainte.

Étienne est à genoux devant lui. Respectueux mais sans crainte, il conte une nouvelle fois l'apparition du Christ et son commandement, prendre Jérusalem. Pour cela, le petit berger demande le soutien du roi.

Philippe Auguste répond en y mettant les formes. La ferveur des enfants le touche, dit-il, mais ils font fausse route. Jérusalem est bien trop loin pour eux, la croisade est affaire de chevaliers et de soldats. Étienne doit ramener sagement les enfants vers leurs villages, on leur fournira des provisions pour leur retour. Quant aux adultes qui les accompagnent, eh bien, puisqu'ils veulent combattre, qu'ils s'engagent chez le duc de Montfort qui lutte dans le Midi contre les hérétiques[2] albigeois, menés par le comte de Toulouse...

L'audience est terminée, Étienne et les siens se retirent, le cœur gros, leurs espoirs déçus.

Mais le jeune berger n'a nullement l'intention d'obéir : Dieu le veut, et son ordre vaut plus que ceux du roi.

La croisade est affaire de chevaliers et de soldats.

2. Hérétiques : personnes opposées aux doctrines officielles de l'Église.

La plupart des enfants croisés décident, eux aussi, de continuer le voyage. En attendant, certains d'entre eux s'éparpillent à travers Saint-Denis, d'autres poussent jusqu'à Paris.

Parmi eux se trouvent Clément, Jeanne et Martin, vite ébahis par la grandeur de la ville, la foule qui encombre les rues. Des rues dont les sommets des maisons se resserrent de chaque côté, comme si elles voulaient empêcher la lumière de pénétrer. Ils admirent Notre-Dame et la forteresse du Louvre. Partout des boutiques offrent sur leurs étalages des marchandises bien attirantes, à portée de main, gâteaux, fruits, pâtés aux viandes odorantes. Partout des **saltimbanques**, des cavaliers, des mendiants, des vendeurs ambulants. Mais partout aussi des tas d'ordures que l'on ne ramasse pas souvent, et des odeurs nauséabondes.

La place de Grève, au bord de la Seine, est un port dont la berge est encombrée de bateaux amarrés à des pieux. On y débarque des marchandises de toute sorte destinées aux Parisiens. Bateliers, **portefaix**, marchands s'y affairent du matin naissant à la nuit tombante. Plus loin sont installés des moulins.

C'est là que, sans le vouloir, par maladresse, Martin gêne deux **manœuvres** en train de décharger des tonneaux ; il leur barre le passage. Les hommes s'énervent, insultent le garçon, le repoussent.

Martin ne se défend pas, il veut s'expliquer, en vain ; Jeanne, indignée, appelle son frère à l'aide. Mais Clément hausse les épaules et continue son chemin, criant à son cousin de se débrouiller tout seul. Par bonheur, les ouvriers se calment.

Le lendemain, les jeunes croisés quittent Paris. Certains ont déjà abandonné leurs compagnons, par lassitude, ou à cause du roi de France ; la plupart des adultes aussi, dissuadés par les gens d'armes de Philippe Auguste. Mais beaucoup d'autres, au contraire, rejoignent toujours la troupe, forte maintenant de milliers et de milliers d'enfants.

4

La mer doit s'ouvrir

Les enfants avancent lentement vers le sud, un peu à l'aveuglette, se renseignant auprès des gens de rencontre sur le chemin qu'ils doivent suivre : Fontainebleau, Moulins, le comté d'Auvergne, Vichy, Riom, le comté de Provence, Orange, Avignon... Ils parcourent peut-être trente kilomètres par jour. Étienne leur parle, empêche l'enthousiasme de retomber ; ils chantent, brandissent des croix faites de branches. Pourtant la route est difficile, sans cesse se pose le problème de la nourriture. Chasse et pêche suffisent à peine à les satisfaire ; par bonheur l'été fait pousser des fruits sauvages, des racines dans les champs. Gare aussi aux bêtes que leurs gardiens ne font pas rentrer assez vite dans les étables et les bergeries.

C'est le temps des moissons, bien des enfants songent à leurs villages, au travail qu'ils ne feront pas cette année pour aider leurs parents. Pourvu que les récoltes soient bonnes, autrement ce sera la **disette**. D'autres, au contraire, rêvent aux belles heures passées, aux parties de balle entre camarades, au jeu de billes ou d'osselets.

La fatigue pèse sur eux, les muscles deviennent raides, douloureux à force de marcher. Se lever le matin est un bien rude effort.

- Debout, fainéant ! ne manque pas de crier Clément à son cousin.

- Laisse Martin tranquille, réplique Jeanne.

- Mais non, j'arrive.

Et Martin se dresse, s'efforçant de faire bonne figure ; il se sent pourtant triste à cause de sa faiblesse et de sa maladresse, et aussi parce que Clément le traite durement : pourtant ne sont-ils pas tous les deux de la même famille ? Lui, il cherche à rendre service, à aider chacun, si possible.

À la faim s'ajoutent les dangers. Les chemins débouchent parfois sur des cours d'eau aux courants violents, dans lesquels on risque de se noyer. Même les ponts ne sont pas sûrs ; ceux qui sont faits de bois pourrissent à la longue, des planchers s'effondrent sous le poids de trop de passants.

Dans les larges étendues de forêt vivent des loups, toujours affamés tant ils sont nombreux. Les jeunes croisés font des feux afin de se protéger la nuit. Ils veillent à tour de rôle, prêts à saisir des branches enflammées pour faire reculer les bêtes féroces.

Les forêts servent aussi de refuge aux bandes de brigands, que l'on appelle routiers ou cotereaux, presque aussi redoutables que les loups. Ces brigands guettent les traînards qui s'écartent de leur groupe ; ils s'en emparent, non pour leurs richesses, mais pour les vendre ; des seigneurs et même des bourgeois achètent volontiers une main-d'œuvre qui ne leur coûte pas cher. Souvent aussi, les brigands utilisent leurs victimes comme mendiants, chargés de recueillir des aumônes pour leur compte, sous le porche des églises ou dans les rues des villes.

Les forêts servent aussi de refuge aux bandes de brigands.

Fatigue, accidents, maladies, disparitions suspectes, l'impatience grandit ; chacun demande, à un moment ou à un autre :

- Est-ce bientôt, Jérusalem ?

Étienne répond que l'arrivée est proche, mais qu'il leur faudra d'abord traverser la mer.

- C'est quoi la mer ? interrogent les pèlerins.

- Une étendue d'eau immense, répond le berger de Cloyes-sur-Loir, bien plus large que toutes les rivières que nous avons franchies. Si large, que d'une rive on ne peut apercevoir celle qui lui fait face.

- Mais comment ferons-nous pour passer ?

Là, Étienne se tait un instant, retrouve ses rêves. Il raconte alors l'histoire de Moïse qui fit sortir le peuple hébreu d'Égypte :

- Pharaon les poursuivait à la tête de son armée afin de les exterminer tous. Les Hébreux arrivèrent au bord de la mer Rouge. Moïse leva son bâton, faisant naître un vent si fort que la mer s'ouvrit. Les Hébreux passèrent à pied sec, entre deux immenses murailles d'eau. Ainsi, la mer s'ouvrira devant nous, et nous passerons comme les Hébreux le firent, jusqu'en Palestine.

- Tu lèveras ton bâton, Étienne ?

- Je le lèverai.

Les jeunes croisés regardent leur meneur, incrédules. Mais si Dieu le veut, un miracle sera possible ! Martin n'ose le dire tout haut, pourtant il doute..., ou bien il se demande ce qui arrivera si les murailles d'eau s'effondrent avant qu'ils soient passés.

5

Marseille

Plus ils vont vers le sud, plus la chaleur devient insupportable. Il est temps d'arriver, car le nombre de malades et de blessés grandit sans cesse. Sans parler de ceux qui abandonnent à bout de forces… Les pèlerins évitent de s'approcher des lourds châteaux perchés sur les hauteurs, comme ils l'ont fait depuis leur départ : les seigneurs sont de toute sorte, ils le savent bien, et nombre d'entre eux se conduisent comme les brigands des grands chemins.

C'est près de Marseille que les enfants découvrent la mer. Étienne ne leur a pas menti : les yeux ne peuvent apercevoir l'endroit où elle s'arrête ; à l'horizon, le bleu de l'eau rejoint le bleu du ciel ; des vaguelettes viennent caresser les rochers, des oiseaux blancs volent bas, presque à portée de main. Le spectacle est beau, mais impressionnant ; les cœurs se serrent. Les pèlerins les plus courageux trempent leurs mains dans les flaques, s'étonnent de trouver l'eau salée. Il fait bon lorsque le vent souffle.

Peu à peu, l'ensemble de la troupe se trouve rassemblé face à la mer. On dit qu'ils étaient vingt mille. Le silence s'établit, pesant. Mais Martin, pourtant impressionné comme chacun, ne peut s'empêcher de demander à l'oreille de Jeanne :

- Alors, on va entrer en ville ?

- Non, Étienne ne le veut pas. Il craint qu'on ne nous empêche là-bas de continuer notre croisade.

- Donc, c'est maintenant que la mer va s'ouvrir ?

- Tais-toi…

Oui, le moment est venu. Étienne avance sur la grève ; ses pieds nus enfoncent dans le sable. Il respire très fort, adresse à Dieu une nouvelle prière, lève son bourdon.

La troupe, alignée derrière lui ou perchée sur les rochers, retient son souffle et regarde. Las, la mer ne s'ouvre pas. Les enfants entonnent des chants pour soutenir leur guide ; ils y mettent toute leur âme. Rien n'y fait.

Le silence revient, la déception est encore plus forte qu'à Paris devant la réaction du roi de France. Étienne avait tant dit et répété : « Dieu le veut. » Mais alors, Dieu veut-il vraiment cette croisade ?

C'est à ce moment que paraissent deux cavaliers venant de la ville. Ils sont de forte taille, vêtus de cuir, des bottes aux pieds, un long poignard fixé à la ceinture. Le premier lève le bras et crie :

- Holà ! Nous voulons parler à votre chef. Où est-il ?

Des bras se tendent vers Étienne. Aux pas lents de leurs montures, les deux hommes rejoignent le berger. Arrivés devant lui, ils le saluent de la tête, et l'un d'entre eux saute à terre.

- Sois le bienvenu à Marseille, dit-il. Mon nom est Ferreus, et celui de mon compagnon, Porcus. Nous sommes capitaines, maîtres de navire.

- Mon nom est Étienne. C'est bien moi qui dirige cette croisade, de par la volonté de Notre Seigneur Jésus-Christ.

- Nous savons cela, reprend Ferreus, et c'est pourquoi nous sommes venus te trouver. Si tu le désires, nous pouvons transporter ta troupe en Palestine, jusqu'au port voisin de Jérusalem.

La voix du capitaine est forte, et les enfants les plus proches répètent ses paroles à ceux qui sont trop loin

- Holà ! Nous voulons parler à votre chef.

pour entendre… Étienne est devenu pâle. Oui, Dieu le veut, il manifeste sa volonté ! Pourtant, il interroge :

- Pourquoi faites-vous cela, capitaine Ferreus ?

Les yeux du maître de navire brillent sous les sourcils épais. Sa voix se fait doucereuse :

- Porcus et moi sommes des chrétiens, vous nous offrez l'occasion d'accomplir une bonne action, de réparer nos erreurs, nos péchés anciens.

- Nous n'avons pas d'argent.

- Qui vous parle d'argent ! Non, vous ne nous devrez rien, même pas le prix de votre nourriture.

- Nous sommes nombreux, vous le voyez.

- Porcus et moi disposons de sept bateaux. Oh ! il faudra vous serrer un peu, mais vous êtes jeunes, petits de taille…

Les capitaines rient, Étienne se sent transporté de joie ; il crie, tourné vers ses compagnons :

- À genoux ! Remercions le Seigneur.

6

Les nefs quittent le port

Sept **nefs** s'alignent le long du rivage. Ce sont des navires en bois, de forme arrondie, larges et lourds, à étages. Sur leur pont se trouvent deux tours surélevées : le gaillard d'avant et la dunette arrière ; elles permettent à des archers de défendre le navire en tirant des flèches sur le pont des bateaux ennemis. Au centre de la nef est fiché un haut mât, formé de plusieurs troncs d'arbres serrés entre eux par des cercles de fer cloutés sur le bois. De chaque côté de la coque, à l'arrière, est fixé un aviron massif servant de gouvernail.

Les enfants commencent à embarquer ; en même temps les marins hissent à bord des **barriques** emplies d'eau douce, du poisson séché et des biscuits en abondance. « Biscuit de mer », ainsi appelle-t-on le pain, cuit et recuit, devenu dur comme pierre, mais qui peut se conserver des semaines durant.

Les capitaines Ferreus et Porcus ont donné l'ordre à leurs hommes, allez savoir pourquoi, d'empêcher les gens de Marseille de s'approcher des pèlerins sur le port. Pourtant, au moment où Clément, Martin et Jeanne arrivent à la passerelle afin de monter à bord d'un des vaisseaux, une femme se précipite vers eux et leur crie :

- N'y allez pas, enfants, n'y allez pas !

Elle n'a pas le temps de s'expliquer, déjà un marin l'empoigne rudement, la fait taire, la repousse au loin.

Sans en deviner la raison, Martin a le cœur brusquement serré. En revanche, Clément ricane et déclare à voix forte qu'il y a des fous et des folles partout. Autour d'eux, les autres jeunes ne savent que penser.

Jeanne dit que la femme voulait peut-être faire allusion aux pirates barbaresques[3] qui abondent en Méditerranée, d'après ce qu'elle a entendu dire.

- Elle craint qu'ils ne nous attaquent.

Les paroles de Jeanne ne sont pas faites pour rassurer Martin, bien qu'il s'efforce de réagir.

À bord du navire, les enfants s'entassent dans une atmosphère plutôt joyeuse, malgré une certaine crainte de quitter la terre ferme. Chacune des nefs peut contenir des centaines de passagers ; les capitaines ont prévu cette fois d'en loger trois fois plus.

- Restons sur le pont, dit Jeanne, nous serons mieux qu'en bas.

En s'agrippant au **bastingage**, comme son frère et son cousin, elle parvient à résister aux poussées de ceux qui montent à bord derrière eux et réclament une place.

Sur le quai, soudain, ils aperçoivent Étienne qui accourt, le bourdon dressé, hurlant à pleine gorge :

- Bonne nouvelle, mes frères ! Je viens de l'apprendre ! Des pays d'Allemagne, une troupe d'enfants est partie comme nous vers Jérusalem. Elle est conduite par Nicolas, de la ville de Cologne ! Vous le voyez bien : Dieu le veut !

---

3. Barbaresques : en provenance d'Afrique du Nord, principalement.

Des acclamations s'élèvent en réponse. Ensuite, les préparatifs de départ s'accélèrent ; les cordages qui accrochent les navires au quai sont détachés ; on ôte la passerelle, on remonte les ancres, les **gabiers** hissent les voiles, les avirons de direction plongent dans l'eau…

Les nefs s'écartent lentement du quai, quittent le port. Au large, la mer est moins calme qu'au bord du rivage ; les vagues se mettent à gifler les coques, formant des creux profonds dans lesquels les **proues** des navires s'enfoncent, avant de se redresser. Le ciel se noircit.

Bien des jeunes croisés commencent à souffrir du mal de mer.

- Ça bouge drôlement, murmure Martin.

Il se tait aussitôt ; il a décidé de résister, de ne plus avoir peur ; pourtant, il découvre qu'autour de lui bien des jeunes croisés commencent à souffrir du mal de mer. Et Clément le premier, son visage sanguin devenu blanc comme linge séchant au pré, et sa bouche charnue pincée par une piteuse grimace.

7

La tempête

Les heures se succèdent, nombreuses. Le temps ne fait qu'empirer, le ciel est couleur d'encre, zébré d'éclairs ; la mer devient de plus en plus mauvaise, de plus en plus agitée. Le vent soulève les vagues, les jette contre les nefs qui ont du mal à tenir leur direction. Leurs bois craquent, comme s'ils allaient se briser.

Les jeunes croisés restés sur le pont sont trempés, secoués ; ils souffrent horriblement pour la plupart. À son grand étonnement, Martin, lui, ne ressent pas les effets du mal de mer. Jeanne gémit à ses côtés, la tête enfouie dans ses bras. Quant à Clément, dit *le Fort* ou *le Rude*, il est complètement effondré, l'estomac vidé, plein de crampes douloureuses, hoquetant à chaque instant.

C'est au large de la Sardaigne que la tempête atteint son maximum. Les marins ont fait tomber toutes les voiles des vaisseaux ; visages graves, ils tentent seulement d'atténuer l'effet des courants en pesant sur les lourds avirons.

Les nefs dansent pourtant sur les flots, telles des marionnettes. À un moment donné, Martin cligne les yeux pour mieux voir. Il lui semble que les navires sont attirés sur leur gauche par une masse sombre, comme allongée sur l'eau. Bientôt, malgré la semi-obscurité, il devine une rangée menaçante de rochers ; les nefs se dirigent droit sur eux !

Le garçon frémit. Il sent le danger proche, ses yeux s'écarquillent, il ne peut plus bouger, l'horreur le paralyse. Malheur ! Déjà un premier bateau frappe le récif. Il s'écrase dessus, se disloque en mille morceaux ; sous le choc les débris sont projetés dans les airs... Un peu plus loin, une deuxième nef se brise à son tour sur les rochers pointus.

Martin a maintenant envie de hurler, le cœur battant à grands coups désordonnés dans sa poitrine, car le bateau sur lequel il se trouve se rapproche lui aussi de l'obstacle. Le regard du garçon se pose sur Jeanne, puis sur Clément. Ils sont en grand péril comme lui, et hors d'état de seulement bouger. Alors, brusquement, la peur le quitte, il se calme. Il va leur montrer de quoi il est capable ! Une idée folle lui vient : lorsque leur vaisseau fera naufrage comme les autres, il se saisira d'un débris quelconque, hissera dessus sa cousine et son cousin, et les empêchera de se noyer !

Martin ne sait même pas nager, qu'importe, il n'y pense pas ! Ses muscles sont tendus, il se sent prêt à accomplir n'importe quel exploit !

Soudain se produit comme un miracle : le vent faiblit, les vagues deviennent en un instant moins grosses. Les cinq nefs rescapées virent de bord, s'écartent de la côte dangereuse.

Martin respire fort, il se demande s'il a rêvé. Non, hélas, des centaines d'enfants n'atteindront jamais Jérusalem, la mer les a saisis et ne les rendra plus.

Le temps se remet au beau, les vaisseaux reprennent paisiblement leur route sur les eaux calmées de la Méditerranée. Les jeunes croisés survivants respirent plus à l'aise. Ils mangent, boivent, chantent. Bien sûr, le malheur a frappé leur troupe, mais ceux qui sont morts ont le grand bonheur de se trouver maintenant à la droite de Dieu.

Où est la Palestine ? Voilà plusieurs jours, six, huit, que voguent les navires. Enfin, un beau matin, une terre paraît devant leurs yeux, se rapproche. Un golfe s'ouvre où les nefs s'engagent, l'air est lumineux, le soleil brille. On aperçoit au loin des champs verts, des collines, des arbres inconnus. Ce sont des palmiers...

Les paysans portent des turbans, mènent des ânes et d'autres animaux inconnus, dotés d'un long cou et d'une bosse au dos. Des dromadaires.

Sur les nefs, les matelots ont tous passé des armes à leur ceinture, leurs visages se ferment, ils tiennent des gourdins à la main. Pourquoi ?

8

La fin du voyage

Les nefs arrêtent leur course près d'un ponton de bois. Aussitôt des passerelles sont installées, et les marins, à grands cris, pressent les enfants de descendre du navire. Ces derniers hésitent. Est-ce la Palestine ? Et qui sont ces soldats alignés plus loin, le long sabre à la main, commandés par des officiers aux gilets courts, aux pantalons bouffants, au large turban autour de la tête ? Finalement, la foule des jeunes reflue, malgré les marins qui la poussent, lançant des encouragements :

- Allez, c'est la fin du voyage ! Vous serez bien traités, un bon repos vous attend ! Soyez raisonnables !

Non, ce n'est pas la Palestine, mais le port de Tunis, sur une terre barbaresque ! La vérité se sait en un instant, surgie on ne sait comment : les enfants partis en croisade ont été vendus à des marchands d'esclaves par les capitaines Ferreus et Porcus, habitués à ce genre de commerce ! Voilà pourquoi ces derniers avaient empêché les gens de Marseille de s'approcher des croisés lors de leur départ, par peur qu'ils ne les préviennent...

La vérité assomme ou bien affole, mais il est trop tard, cris et larmes ne servent à rien. Il faut avancer, de gré ou de force. Au bout du quai, les gardes encadrent les arrivants, les divisent, les forment en colonnes, s'aidant de la voix et du bâton. Des fonctionnaires comptent chaque arrivant, les gardes à cheval surveillent les alentours, leurs montures piaffent. Où est

Étienne ? Sûrement prisonnier, retenu à l'écart.

Du haut d'un minaret, dont on aperçoit la fine silhouette pointer entre les maisons des alentours, la voix d'un muezzin[4] appelle à la prière. Jeanne s'est accrochée au bras de son cousin, Clément ne réagit pas ; depuis la tempête, il a perdu de sa superbe. En ce moment, il marche, abasourdi, la tête vide.

Au contraire, Martin retrouve les idées folles qui l'animaient sur la nef : c'est à lui de sauver Jeanne et Clément, de montrer sa valeur, son courage ! Il ne s'agit plus d'accrocher les siens à une bouée sur la mer déchaînée, mais de les tirer de ce piège dans lequel ils sont tous tombés. Il a entendu parler de l'esclavage, une condition pire que celle des **serfs** de son village, privés de liberté, soumis à leurs maîtres, forcés d'accomplir les tâches les plus rudes, sans trêve ni repos.

Le garçon ne se rend pas compte du danger, ni des obstacles. Il avance parmi les jeunes croisés, l'esprit en éveil, guettant un instant propice. Pourquoi pas ?

Et l'instant se présente ! Martin, suivant ses compagnons, se trouve complètement sur le côté de la colonne des enfants. Tout à coup, le cheval d'un garde s'emballe, près de lui. Son maître tente en vain de le calmer, les autres gardes reculent, leur attention détournée par l'incident.

- Venez, souffle le garçon, d'instinct.

Il tire Jeanne et Clément par le bras, les entraîne, les force à courir, à disparaître avec lui derrière un amoncellement proche de lourds paniers dressés les uns sur les autres.

4. Muezzin : religieux musulman.

Ils galopent à perdre haleine, zigzaguent parmi de nouveaux obstacles, des barriques, des tas de bois.

- Plus vite.

Ils galopent à perdre haleine, zigzaguent parmi de nouveaux obstacles, des barriques, des tas de bois. Derrière, des hurlements se font entendre, car la fuite a été aussitôt remarquée, et une poursuite vite engagée.

Les fugitifs ont pourtant pris quelque avance ; ils se retrouvent maintenant sur un terrain planté d'arbres, parsemé de buissons épineux. Là se dressent de pauvres cabanes aux toits plats, séparées par des clôtures.

Soudain, une porte s'ouvre sur leur passage. Une vieille femme les appelle et s'efface pour les laisser entrer dans sa maison dont la porte se referme sur leur dos en un instant.

9

Après la fuite

Des gardes ne tardent pas à surgir dans la maisonnette de la vieille femme. Ils cherchent, crient, menacent. Leur fouille est vite faite, il n'y a pas beaucoup d'endroits où chercher. L'habitation est vide.

Dans la cour attenante se dresse un gros tas de paille. Les gardes l'entourent, le bousculent, y enfoncent leurs sabres, sans résultat. Non, ce n'est pas là que se sont réfugiés les fuyards.

Sur un ordre de leur chef, les gardes s'en vont en hâte chercher plus loin.

- Vous pouvez sortir, prévient alors la femme.

Le soulagement se lit sur son visage car c'est bien de sous le tas de paille que surgissent les enfants. Un instant, elle a pensé qu'ils allaient être pris. Non, ils sont sortis d'affaire, même si une lame a frôlé Martin, mais sans le toucher.

- Venez, dit la vieille femme aux enfants.

La femme leur offre des dattes et du lait. Elle se nomme Aïcha. C'est une esclave, faite prisonnière voilà longtemps, lors d'une razzia[5] sarrasine[6] dans l'île de Corse. Elle arrive à se faire comprendre en parlant aux enfants, car elle a côtoyé des gens de différents pays d'Europe. Elle explique qu'elle a travaillé de longues années chez son dernier maître, dont elle a élevé les

5. Razzia : attaque menée pour s'emparer d'un butin, êtres humains, animaux, richesses, nourriture.

6. Sarrasins : nom donné aux musulmans au Moyen Âge.

enfants. Voilà pourquoi il continue de la nourrir et la laisse même occuper une maisonnette lui appartenant, bien qu'elle soit trop âgée pour le servir encore.

- Il est très croyant, dit-elle, et sa religion lui commande de se montrer humain avec chacun. Il obéit à ce principe, ce qui est loin d'être le cas de tout le monde, hélas.

Les trois jeunes croisés apprennent ainsi que les **musulmans**, qu'ils appellent « infidèles », ont aussi un Dieu. Un Dieu unique, comme celui des chrétiens, créateur de tout être et de toutes choses ; Mahomet est le prophète de leur religion, et le Coran leur Livre saint.

Tout en mangeant ses dattes, Jeanne sourit à celle qui vient de les sauver. C'est peut-être ce sourire qui touche le cœur d'Aïcha. Elle avait tout de suite deviné qui étaient les trois jeunes enfants en fuite, et le sort qui les attendait, s'ils étaient repris.

- Vous ne pouvez pas rester ici, dit-elle, les gardes vous retrouveraient vite, mes voisins sont bavards. Mais les bateaux de commerce de Gênes et de Venise viennent nombreux mouiller au port, comme ils le font par toute la Méditerranée. Je vais essayer de vous faire embarquer en cachette sur l'un d'entre eux ; ce doit être possible. Ne vous montrez pas en attendant mon retour.

Le sourire de Jeanne grandit encore, les yeux de Martin et de Clément brillent tout à coup d'espoir...

Lorsque la vieille femme s'en va pour essayer de tenir sa promesse, Jeanne se jette au cou de son cousin.

- Je ne t'ai pas encore remercié, Martin. Sans toi nous serions devenus des esclaves.

Martin devient rouge de confusion. Sa joie augmente encore lorsque Clément avance à son tour vers lui, la main tendue. Il a l'air un peu gêné, mais il murmure tout de même qu'il est d'accord avec sa sœur.

⚜ ⚜ ⚜

Jeanne, Martin et Clément ont eu beaucoup de chance, même s'il leur fallut de longs mois avant de revoir leur village de Cloyes-sur-Loir, en passant par l'Italie, où ils ont abordé après une traversée clandestine dans la cale d'un navire. Quant aux jeunes croisés ayant survécu au naufrage de Sardaigne, ils sont bien devenus des esclaves pour la plupart, à Tunis, au Caire, à Bagdad.

On raconte que bien des années plus tard, l'empereur germanique Frédéric II, parti lui aussi en croisade, retrouva sept cents croisés parmi ceux qui suivirent Étienne, le berger. Il les libéra, et fit pendre ceux qui les vendirent, les capitaines Ferreus et Porcus.

En revanche, personne ne sait ce qu'est devenu Étienne, qui disait avoir vu le Christ et reçu de sa part l'ordre de délivrer son tombeau à Jérusalem.

FIN

Questions sur le récit

1. Le récit que tu viens de lire s'inspire d'événements réels. Quel nom donne-t-on à ce genre d'écrit ?

2. Quels sont les personnages vivant au Moyen Âge qui ont vraiment existé ?

3. Qui sont les personnages de cette histoire ? Qui en est le héros véritable ? Pourquoi ?

4. Qu'apprends-tu sur la vie au Moyen Âge ?

5. Dans quels chapitres les enfants sont-ils en France ? Sur la mer ? À Tunis ?

6. La croisade menée par Étienne a-t-elle abouti ? Pourquoi ?

7. Où les trois cousins vivent-ils au début de l'histoire ? Où sont-ils à la fin ?

Recherche

À l'aide d'un dictionnaire et de livres d'histoire, fais une recherche sur les personnages de ce récit qui ont véritablement existé.

Lire un texte documentaire

Extrait de

Les paysans de la Préhistoire à nos jours

Jacques Marseille
Illustrations d'André Juillard
coll. « Histoire juniors » © Hachette Livre.

Les paysans au Moyen Âge

Les tenanciers

Au Moyen Âge, la terre appartient au seigneur, au monastère ou à l'**abbaye**, qui s'en réserve une partie cultivée par des domestiques. Le reste est loué à des «tenanciers» qui paient un loyer en récoltes et qui travaillent pour leur propre compte.

Bien que la charrue et la **herse** fassent leur apparition, le tenancier passe encore de longues heures avec sa femme et ses enfants à travailler le sol avec des outils à main, le plus souvent en bois : houe, fourche, râteau.

Les rendements sont faibles. Le paysan a peu de fumier pour enrichir le sol : les bêtes vagabondent dans la forêt ou sur les **jachères**. Quand elles sont à l'abri, on a peu de paille pour faire leur litière car avec la faucille les céréales sont coupées près de l'épi et la paille reste sur le champ.

Le principal souci du tenancier est de produire assez pour nourrir sa famille. Si le mauvais temps endommage sa récolte, c'est la catastrophe.

Faucheur du Moyen Âge.

Il est parfois obligé de s'endetter pour acquérir la semence de la saison suivante. La vie du paysan au Moyen Âge est précaire.

Un clerc décrit la société médiévale

« Aux clercs, Dieu ordonne d'enseigner à garder la vraie foi, et de plonger ceux qu'ils ont instruits dans l'eau du baptême. Ils doivent s'abstenir de bien des aliments et prier sans cesse pour les misères du peuple et pour les leurs.

Les nobles sont des guerriers protecteurs des églises ; ils sont les défenseurs du peuple.

L'autre classe est celle des **serfs** : argent, vêtement, nourriture, les serfs fournissent tout à tout le monde : pas un homme libre ne pourrait subsister sans les serfs.

La maison de Dieu, que l'on croit une, est donc divisée en trois : les uns prient, les autres combattent, les autres enfin travaillent. »

Aldabéron de Laon, *Poème au roi Robert*, début du XIe siècle.

Des paysans, à la recherche d'une maigre pitance, sont menacés par les loups.

La famine menace

Vers l'an mil, la belle prospérité de la Gaule romaine est depuis longtemps oubliée. Les invasions barbares, les guerres, les destructions des villes et des routes ont ruiné l'agriculture.

La famine devient une menace qui hante les populations paysannes.

Les villages, éparpillés dans les clairières, sont encerclés par de vastes forêts.

À l'approche de l'an mil, la crainte de la fin du monde tourmente les paysans. La Bible leur dit : « Les mille ans écoulés, Satan, relâché de sa prison, s'en va séduire les nations dans les quatre coins de la terre. »

Des moines d'alors ont décrit l'ensemble des malheurs de ce temps : des pluies continuelles qui imbibent la terre, des mauvaises herbes qui recouvrent la surface des champs, des bêtes sauvages affamées. Dans certaines régions, les paysans en viennent à faire du pain avec de la terre mélangée à de la farine. Certains sont contraints de se nourrir des racines des plantes et des herbes des cours d'eau.

Même si ces témoignages sont exagérés, ils révèlent l'inquiétude et la misère des paysans de l'an mil dans un pays encore très sauvage.

Pour cultiver de nouvelles terres, les paysans défrichent les forêts autour du village.

Les grands défrichements entre 1100 et 1300

À partir de cette époque, le nombre des hommes commence à croître de manière exceptionnelle. En cinquante ans, la Provence voit doubler le nombre de ses habitants.

Pourquoi cet essor ? On ne le sait pas encore très bien, mais on observe l'installation de nouveaux villages, la construction de grandes églises qui semblent aujourd'hui démesurées par rapport à la population.

Pour nourrir ces hommes, il a fallu cultiver de nouvelles terres, abattre des arbres, brûler des broussailles, assécher des marais. Ce sont les grands **défrichements**.

Les paysans sont d'autre part encouragés par les seigneurs qui leur accordent des avantages importants. On les dispense d'impôts et de corvées. On leur permet de ramasser le bois mort. On baisse les amendes dues en cas de délit.

Toutes les villes et les villages qui portent le nom de « villeneuve », « sauveté », « neubourg », « bourgneuf », « **les essarts** », « artigues » sont issus du travail acharné de ces courageux défricheurs.

Questions
sur le texte documentaire

1. Quels sont les outils les plus utilisés par les paysans du Moyen Âge ? Dessine-les.

2. La société du Moyen Âge est organisée selon trois ordres :
- Ceux qui prient. Comment les appelle-t-on ?
- Ceux qui combattent. Comment les appelle-t-on ?
- Ceux qui travaillent. Comment les appelle-t-on ?
Quel est le rôle précis de chaque ordre ?

3. Pourquoi les paysans vivent-ils mal aux alentours de l'an mil ? Que craignent-ils par-dessus tout ?

4. Selon toi, pourquoi les paysans se révoltent-ils parfois ? (Consulte aussi le « questions-réponses » n° 8) ? Comment s'appelle une révolte de paysans ?

5. Qu'est-ce qui permet d'améliorer la vie des paysans entre 1100 et 1300 ?

Recherche

Retrouve dans ta région les noms des villes ou des villages qui rappellent les défrichements du Moyen Âge. Renseigne-toi sur l'origine de ces noms et l'histoire de ces villes ou villages.

croisades
cathédrales
famines
guerre de Cent Ans
saint Louis
châteaux forts
la grande peste
seigneurs

1

Combien de temps a duré le Moyen Âge ?

Quand nous pensons au Moyen Âge, nous imaginons des châteaux forts imprenables, des chevaliers en armure, des tournois colorés... Ces images ne correspondent qu'à une petite partie de l'époque appelée Moyen Âge. En effet, cette très longue période s'étend de la chute de l'Empire romain (en 476) à la Renaissance (milieu du xve siècle) : cela fait donc 1000 ans ! Pour mieux comprendre le Moyen Âge, il faut connaître ses différentes périodes.

Dans les premiers temps, les envahisseurs de l'Est déferlent par vagues successives. Parmi eux, les Francs conquièrent de vastes territoires en Gaule et y fondent la première dynastie : celle des **Mérovingiens**. La vie n'est pas facile : les gens quittent les villes, se regroupent dans des campagnes isolées et connaissent souvent le drame des mauvaises récoltes et des épidémies.

Avec le règne de Charlemagne (entre 768 et 814), le pays retrouve une organisation plus stable. Mais ses descendants, les **Carolingiens**, se partagent l'empire tandis que de nouveaux envahisseurs multiplient leurs raids…

Du Xe au XIIIe siècle, les temps changent : aux côtés de leurs seigneurs, les paysans construisent des châteaux forts, **défrichent** de nouvelles terres, fondent des villages neufs. Dans le calme des **abbayes**, les moines prient et copient des manuscrits. Les rois **capétiens,** qui règnent à partir de 987, affirment leur autorité sur le royaume. Grâce à la sécurité retrouvée, le commerce fleurit et les villes renaissent. On parle d'« âge d'or » du Moyen Âge.

Mais le Moyen Âge s'achève sur une série de malheurs : **la peste, la guerre de Cent Ans et les famines successives** accablent la France du XIVe au milieu du XVe siècle. Après, s'ouvre la Renaissance, une ère nouvelle.

2

Comment devient-on roi de France au Moyen Âge ?

Depuis Hugues Capet, élu roi en 987, **la couronne de France est transmise de père en fils**. La dynastie capétienne règne ainsi sans interruption pendant 800 ans, jusqu'à la Révolution de 1789.

Le sacre des rois de France a lieu à Reims. Dans la cathédrale décorée de tapisseries et éclairée par des milliers de cierges, **le roi est enduit d'huile sainte par l'évêque.** On dit que l'ampoule qui contient cette huile est venue du Ciel et qu'elle demeure miraculeusement toujours pleine ! Ensuite, **le roi reçoit l'épée** et le sceptre qui symbolisent ses pouvoirs. **La couronne de fleur de lys**, signe de la royauté, est posée sur sa tête au moment où il s'assoit sur le trône.

Sur le parvis de la cathédrale, la foule se presse pour acclamer le nouveau roi, qui est considéré comme un être à part, doté de pouvoirs exceptionnels.

3

Comment a-t-on construit les grandes cathédrales ?

Depuis Clovis et Charlemagne, l'Église est très puissante et, **à partir du XIIe siècle, d'immenses cathédrales sont construites dans tout l'Occident chrétien.**

Pour les construire, l'Église dépense des fortunes et organise de gigantesques chantiers. Les rois, les seigneurs, et les marchands participent au financement. **Les travaux peuvent durer 40 ans, 60 ans, parfois 100 ans !** Bien souvent, les plans sont changés en cours de route…

Les architectes mettent au point une technique de construction révolutionnaire pour l'époque : **les croisées d'ogive**. Grâce à ce procédé, les voûtes soutenues par des piliers s'élèvent à plus de 30 mètres de hauteur. D'immenses **vitraux colorés** ornent les murs et laissent passer la lumière.

Des sculptures et des fresques décorent les cathédrales. Elles représentent des scènes de la Bible ou de la vie de tous les jours. La plupart des gens ne savent pas lire : voilà un moyen d'instruire les fidèles, de les impressionner aussi !

4 Pourquoi appelle-t-on Louis IX saint Louis ?

Dès sa mort, en 1270, on attribue à Louis IX quantité de miracles. Après une enquête sur la vie du roi, le pape canonise Louis IX, qui devient saint Louis en 1297.

Né en 1214, Louis IX reçoit une éducation profondément chrétienne. Une fois roi de France, désireux de faire régner une plus grande justice, il organise **un nouveau système judiciaire**. Aimant la paix, **il interdit les duels** et limite les guerres privées entre les seigneurs. Attaqué par le roi d'Angleterre, il le bat, mais, pour éviter toute revanche, il n'hésite pas à lui donner quelques terres !

Mais il est aussi, comme tous les rois de son temps, intransigeant. **Il combat les hérétiques**, tels les cathares, qui s'écartent de la doctrine de l'Église. Il impose aux Juifs un signe distinctif à porter sur leurs vêtements. **Il organise aussi deux croisades** – ce seront les dernières – pour délivrer les Lieux saints. Ce sont des échecs. En 1270, le roi, malade, meurt sous les murs de Tunis, bien loin de Jérusalem. Des siècles après sa mort, Louis IX est si populaire que, de 1610 à 1824, tous les rois capétiens portent son nom ! Pourtant, son règne a soulevé des critiques, même de son temps.

5 Paris est-il déjà une grande capitale ?

Au début du XIIIe siècle, quand on approche de Paris, par bateau, on est surpris ! Droit devant, au milieu de la Seine, **l'île de la Cité** s'impose, entourée de remparts. Un peu plus loin, on devine les bâtiments du Palais-Royal et sa grosse tour. La ville s'agrandit de jour en jour. Elle a déjà pris pied sur chaque rive de la Seine.

Sur la rive gauche, au milieu des champs de blé et de vigne, **des collèges se dressent sur les pentes de la montagne Sainte-Geneviève.** Des étudiants de toute l'Europe s'y pressent pour assister aux meilleurs cours. Sur la rive droite, **sur le quai de Grève, les bateaux déchargent leurs marchandises :** des sacs de blé et de farine s'entassent à côté de montagnes de tonneaux de vin ou de sel. Quelle activité !

Peuplé d'environ 100 000 habitants, Paris est devenu non seulement **la plus grande ville du royaume**, mais aussi la plus grande ville de tout l'Occident. Clovis avait déjà choisi Paris comme centre de son royaume, mais ce sont Philippe Auguste et saint Louis qui font vraiment de Paris la capitale de la France. Au XIIIe siècle, Paris est devenu la résidence préférée des rois, mais aussi le centre intellectuel, administratif et économique de la France du Nord.

6

La guerre de Cent Ans a-t-elle duré 100 ans ?

Pas exactement. **En fait, elle a duré encore plus longtemps : 138 ans !** Cette longue guerre, qui oppose la France et l'Angleterre, commence en 1337. Édouard III Plantagenêt, roi d'Angleterre, prétend à la couronne de France et entre en lutte ouverte contre Philippe VI. Qui peut alors imaginer qu'il faudra attendre 1475 pour que le combat prenne fin ?

Ce conflit, qu'on a l'habitude d'appeler « la guerre de Cent Ans », est interrompu par des

périodes de paix, longues parfois de plusieurs années. Mais, au moment où l'on croit qu'il se termine enfin, il repart de plus belle. Pendant plus de cent ans, les troupes de soldats se combattent, dévastent les campagnes et rançonnent les populations.

Pourtant, de cette période de malheurs, naissent des temps nouveaux. Avec les armes à feu et les premiers canons, les chevaliers ne sont plus à l'abri derrière les murailles de leurs châteaux forts. Dans les campagnes, les terres changent de propriétaires et se vendent comme les autres biens. Avec la guerre de Cent Ans, **l'époque des seigneurs féodaux s'achève**…

7

La grande peste fut-elle vraiment si terrible ?

Imaginez une épidémie qui s'abattrait aujourd'hui sur la France, exterminant le tiers de la population… Au XIVe siècle, c'est une réalité : **la peste frappe 4 à 5 millions de personnes** sur environ 15 millions d'habitants !

Cette terrible maladie touche l'Europe, mais plus particulièrement la France et l'Angleterre. On suppose que des bateaux venant d'Orient l'ont rapportée avec des rats infectés dans leurs cales. **Fin 1347, elle apparaît du côté de Marseille**. En 1348, elle a atteint le nord du pays. Elle semble avoir disparu après 1350, puis reprend en 1373, en 1380 et en 1399. Très contagieuse, elle se propage rapidement et frappe une population affaiblie par des années de mauvaises récoltes. Les malades atteints de la peste meurent en quelques jours.

L'activité économique ralentit dans les villes, dans les campagnes désertées, beaucoup de terres retombent en friche. Oui, la peste fut terrible et elle eut, il ne faut pas en douter, des conséquences plus importantes que la guerre de Cent Ans.

8

Y a-t-il eu beaucoup de révoltes au Moyen Âge ?

Quand la misère devient insupportable, quand la guerre se mêle à la famine et à la maladie, les hommes du Moyen Âge prennent leurs armes et font exploser leur colère. Au XIVe siècle, les fureurs paysannes et les émeutes parisiennes s'enchaînent.

En 1358, la révolte des « Jacques » enflamme toute l'Île-de-France en quelques jours. Des paysans affamés se groupent par bandes et pillent tout sur leur passage. Dans les villes, surtout à Paris, où une foule de pauvres vit dans les rues, les émeutes sont fréquentes. En 1358, Étienne Marcel, suivi de centaines de personnes, se rebelle contre le roi et ses conseillers.

Jusqu'à la fin du XVe siècle, de telles flambées de violence secouent périodiquement le pays. Elles s'enflamment comme des feux de paille et s'éteignent vite, après une répression souvent impitoyable, jusqu'à la prochaine étincelle…

Textes résumés d'après *L'Histoire de France*, Dominique Joly, coll. « Questions-Réponses Junior » Nathan, 1989.

Lire d'autres textes

Extrait de
La Chanson de Roland

La *Chanson de Roland* est la plus ancienne de nos chansons de geste, c'est-à-dire des chansons qui célèbrent les exploits guerriers de héros légendaires. Elle date du XIe siècle. Ses 4 000 vers racontent en ancien français les hauts faits de Roland contre les Sarrasins. Voici, dans sa langue originale, le début de l'extrait suivant, puis la traduction de cet extrait.

La bataille est merveilluse e cumune.
Li quens Rollant mie ne s'asoüret,
Fiert de l'espiet tant cume hanste li duret ;
A quinze colps l'ad fraite e perdue ;
Trait Durendal, sa bone espee, nue,
Sun cheval brochet, si vait ferir Chernuble.

La bataille est merveilleuse et générale. Le comte Roland ne se ménage pas. Il frappe de son épieu tant que la hampe[1] résiste ; après quinze coups, il l'a brisée et perdue. Il tire Durendal, sa bonne épée, toute nue, éperonne son cheval et va frapper Chernuble[2]. Il lui brise le heaume[3] où luisent des escarboucles[4], il lui tranche la coiffe[5] et la chevelure, il lui tranche les yeux et la figure, le blanc haubert[6] à la maille menue, et tout le corps jusqu'à l'enfourchure. À travers la selle, qui est incrustée d'or, l'épée atteint le cheval. Il tranche l'échine sans chercher de jointure, et abat morts l'homme et la bête dans le pré, sur l'herbe drue. Après il lui dit : « Misérable ! Tu es venu pour ton malheur ! Tu n'auras jamais d'aide de Mahomet[7] ! Une canaille comme toi ne gagnera pas aujourd'hui la bataille. »

La Chanson de Roland, CIV, vers 1320-1337.

---

1. Hampe : long manche de bois auquel est fixée une pointe en fer.

2. Chernuble : un des chefs des Sarrasins.

3. Heaume : casque.

4. Escarboucles : pierres précieuses rouges qui ornaient le casque.

5. Coiffe : capuchon du haubert qui couvre la tête et la nuque, sous le heaume.

6. Haubert : tunique formée de mailles d'acier tressées.

7. Mahomet : prophète de l'islam, religion des musulmans.

Questions sur *La Chanson de Roland*

1. Quels sont les personnages en présence ? Renseigne-toi sur Roland dans un dictionnaire.

2. Quelles sont les trois étapes de ce récit ?

3. Quel est le sujet de la plupart des verbes ? Essaie d'expliquer pourquoi.

4. À quoi vois-tu que Roland est un héros légendaire ?

Recherche

Compare le texte en ancien français et sa traduction en français moderne. Quels sont les mots restés identiques (ou presque) en français moderne ?

Relève les mots qui désignent l'équipement des combattants et dessine un chevalier.

Extrait de

Chrétien de Troyes :
Yvain ou le Chevalier au lion

Chrétien de Troyes est l'auteur, au XIIe siècle, de romans de chevalerie ou romans « courtois » dans lesquels les chevaliers accomplissent leurs exploits pour l'amour de leur « dame » : *Lancelot ou le Chevalier à la charrette, Yvain ou le Chevalier au lion, Perceval ou le Conte du Graal.* Ces personnages font partie des chevaliers de la Table Ronde.

Messire Yvain cheminait, pensif, dans une forêt profonde, lorsqu'il entendit, au cœur du bois, un cri de douleur perçant. Il se dirigea alors vers l'endroit d'où venait le cri, et quand il y fut parvenu, il vit dans une clairière un lion aux prises avec un serpent qui le tenait par la queue et lui brûlait tout l'arrière-train de flammes ardentes. Messire Yvain ne s'attarda guère à regarder ce spectacle extraordinaire. Il se demanda auquel des deux il apporterait de l'aide et décida de porter secours au lion, car on ne peut que chercher à nuire à un être venimeux et perfide. Or le serpent est venimeux et sa bouche lance des flammes tant il est plein de méchanceté. C'est pourquoi messire Yvain décida de s'attaquer à lui en premier et de le tuer.

Il tire son épée et s'avance, l'écu devant son visage pour se protéger des flammes que le serpent crachait par sa gueule, plus large qu'une marmite. Si le lion l'attaque ensuite, il ne se dérobera pas.

Mais quoi qu'il arrive par la suite, il veut d'abord lui venir en aide car la pitié l'engage et l'incite à porter secours à la noble et généreuse bête. Avec son épée affilée, il se porte à l'attaque du serpent maléfique ; il le tranche jusqu'à terre et le coupe en deux moitiés. Il frappe tant et plus et s'acharne tellement qu'il le met en pièces et le découpe en menus morceaux. Mais il dut trancher un bout de la queue du lion parce que la tête de l'ignoble serpent y restait accrochée. Il en trancha donc ce qu'il fallait, aussi peu que possible.

Quand il eut délivré le lion, il pensa que celui-ci viendrait se jeter sur lui et qu'il faudrait le combattre ; mais cette idée ne vint pas à l'animal. Écoutez ce que fit alors le lion, comme il se conduisit avec noblesse et générosité. Il se mit à montrer qu'il lui faisait sa soumission : il tendait vers lui ses pattes jointes et inclinait sa tête vers la terre ; il se dressait sur ses pattes arrière puis s'agenouillait, et mouillait sa face de larmes en signe d'humilité. Messire Yvain comprend avec certitude que le lion le remercie et se prosterne devant lui parce qu'il a tué le serpent et l'a sauvé de la mort.

Chrétien de Troyes, *Yvain ou le Chevalier au lion.*

Questions
sur *Yvain ou le Chevalier au lion*

1. Résume les principales étapes de cette histoire.

2. Relève les mots ou expressions qui désignent et caractérisent chacun des animaux. Quelle opposition reconnais-tu entre les deux groupes de mots ?

3. Pour quelles raisons Yvain porte-t-il secours au lion ?

4. De quelles qualités Yvain fait-il preuve lorsqu'il intervient ?

5. Le narrateur présente-t-il le lion comme un animal ou un être humain ? Relève les indices qui le montrent.

Recherche

Explique pourquoi Yvain est un chevalier.

Extrait du

Roman de Renart

Le *Roman de Renart* est un ensemble de récits écrits en vers par différents auteurs du XIIe et du XIIIe siècle. Les personnages sont des animaux qui se comportent comme des humains.

Le héros est un goupil, nommé Renart. Le mot « goupil » désignait au Moyen Âge l'animal que nous appelons aujourd'hui renard. Le succès de l'œuvre a été tel que le nom propre Renart, écrit par la suite renard, est devenu un nom commun qui a remplacé le mot « goupil ».

Dans cet épisode, Renart, affamé, est sous un arbre, à la recherche de nourriture. Tiécelin, le corbeau, vient de voler un fromage sous les insultes d'une fermière.

RENART ET TIÉCELIN, LE CORBEAU

Tiécelin, le corbeau, vient tout droit au lieu où était sire Renart. Les voilà réunis à cette heure, Renart dessous, l'autre sur l'arbre. La seule différence c'est que l'un mange et l'autre bâille. Le fromage est un peu mou ; Tiécelin y frappe de si grands coups, du bout du bec, qu'il l'entame. Malgré la dame qui l'a tant injurié quand il l'a pris, il en mange, et du plus jaune et du plus tendre. Il frappe de grands coups, avec force ; à son insu[1], une miette tombe à terre, devant Renart qui l'aperçoit. Il connaît bien pareille bête et hoche la tête. Il se dresse pour mieux voir : il voit

1. À son insu : sans qu'il s'en aperçoive.

Tiécelin, perché là-haut, un de ses vieux compères[2], le bon fromage entre ses pattes. Familièrement, il l'interpelle : « Par les saints de Dieu, que vois-je là ? Est-ce vous sire compère ? Bénie soit l'âme de votre père, sire Rohart, qui si bien sut chanter ! Maintes fois je l'ai entendu se vanter d'en avoir le prix en France. Vous-même, en votre enfance, vous vous y exerciez. Ne savez-vous donc plus vocaliser ? Chantez-moi une rotrouenge[3] ! » Tiécelin entend la flatterie, ouvre le bec et jette un cri. Et Renart dit : « Très bien ! Vous chantez mieux qu'autrefois. Encore, si vous le vouliez, vous iriez un ton plus haut. » L'autre, qui se croit habile chanteur, se met de nouveau à crier. « Dieu ! dit Renart, comme votre voix devient maintenant plus claire et plus pure ! Si vous évitiez de manger des noix, vous seriez le meilleur chanteur du monde. Chantez encore une troisième fois ! »

L'autre crie à perdre haleine, sans se douter, pendant qu'il peine, que sa patte droite se desserre ; et le fromage tombe à terre, tout droit aux pieds de Renart.

Roman de Renart, Branche 2, vers 895-945 (1175).

2. Compère : camarade, compagnon.

3. Rotrouenge : chanson à refrain du Moyen Âge, ritournelle.

Questions
sur le *Roman de Renart*

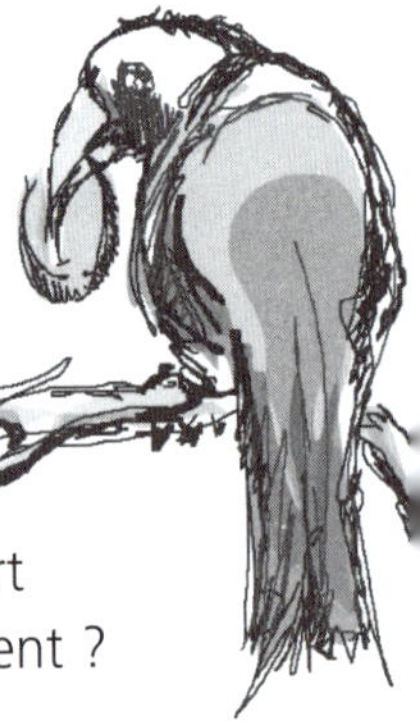

1. Pourquoi Renart bâille-t-il ?

2. Comment Renart s'y prend-il pour décider Tiécelin à chanter ?

3. Comment t'apparaît le caractère de Renart et celui de Tiécelin, d'après leur comportement ?

4. Cette histoire se termine-t-elle par une « leçon morale »? Faut-il plaindre le corbeau d'avoir perdu son fromage, ou se réjouir du mauvais tour joué par Renart ?

Recherche

Compare cet épisode à la fable de La Fontaine, *Le Corbeau et le Renard*, écrite cinq siècles plus tard. Quelles ressemblances et quelles différences remarques-tu ?

Le Corbeau et le Renard

Maître Corbeau, sur un arbre perché,
Tenait en son bec un fromage.
Maître Renard, par l'odeur alléché,
Lui tint à peu près ce langage :
« Hé ! bonjour, Monsieur du Corbeau,
Que vous êtes joli ! Que vous me semblez beau !
Sans mentir, si votre ramage
Se rapporte à votre plumage,
Vous êtes le phénix des hôtes de ces bois. »
À ces mots le Corbeau ne se sent pas de joie ;
Et pour montrer sa belle voix,
Il ouvre un large bec, laisse tomber sa proie.
Le Renard s'en saisit, et dit : « Mon bon Monsieur,
Apprenez que tout flatteur
Vit aux dépens de celui qui l'écoute :
Cette leçon vaut bien un fromage, sans doute. »
Le Corbeau, honteux et confus,
Jura, mais un peu tard, qu'on ne l'y prendrait plus.

La Fontaine, *Fables*, I, 2.

Extrait de

Charles d'Orléans : *Rondeau*

Charles d'Orléans est un grand seigneur poète, de famille royale, qui vécut au XVe siècle. Il écrivit surtout des pièces courtes, ballades, rondeaux et chansons, où il exprime ses sentiments personnels, notamment son amour de la nature.

LE PRINTEMPS

Le Temps a laissé son manteau
De vent, de froidure et de pluie,
Et s'est vêtu de broderie,
De soleil luisant, clair et beau.

Il n'y a bête ni oiseau
Qu'[1]en son jargon[2] ne chante ou crie :
« Le Temps a laissé son manteau
De vent, de froidure et de pluie. »

Rivière, fontaine et ruisseau
Portent, en livrée[3] jolie,
Gouttes d'argent, d'orfèvrerie[4] ;
Chacun s'habille de nouveau[5] :
Le Temps a laissé son manteau.

Charles d'Orléans

---

1. Qu' : Qui.

2. Jargon : langage particulier.

3. Livrée : vêtements aux couleurs d'un roi.

4. Orfèvrerie : objets d'ornement en métal précieux.

5. De nouveau : de neuf.

questions
sur *Rondeau*

1. Observe ce texte : à quels indices reconnais-tu que c'est un poème ?

2. Lis ce texte à haute voix : que remarques-tu ?

3. L'ensemble du poème est construit sur une image. Laquelle ? Relève les mots qui expriment cette image.

4. Quels sont les deux sons voyelles qui reviennent le plus souvent ? Quelle impression donne la reprise de ces sonorités ?

5. Apprends par cœur ce poème pour le réciter à tes camarades.

Le Printemps

Des mots pour comprendre

ABBAYE, COUVENT : ensemble de bâtiments dans lesquels des religieux ou des religieuses vivent en commun.

BARRIQUE : grand tonneau d'environ 200 litres.

BASTINGAGE : parapet destiné à empêcher de tomber du pont d'un bateau.

BOURGADE : gros village où se tiennent ordinairement des marchés.

CANONISER : quand l'Église décide de rendre sainte une personne.

CROISADE : expédition armée entreprise par les chrétiens contre les musulmans de Terre sainte du Moyen Âge.

CROISÉ : homme partant pour une croisade. Il porte sur ses vêtements une croix en tissu.

CROISÉE D'OGIVE : partie de la voûte d'une église où se croisent deux arcs, à leur sommet.

DÉFRICHER : rendre cultivable une terre en friche, en la retournant ou en brûlant les mauvaises herbes qui l'encombrent.

DISETTE : manque de nourriture, famine.

DYNASTIE : famille de rois qui ont régné les uns à la suite des autres.

ÉMEUTE : mouvement de révolte violent d'une foule.

ENDUIRE : recouvrir d'une couche de produit liquide.

ESSART : terre que l'on a défrichée.

GABIER : matelot chargé de la manœuvre des voiles.

HERSE : instrument agricole muni de dents qui sert à briser les mottes de terre.

INFIDÈLES : nom donné aux musulmans par les chrétiens du Moyen Âge qui considéraient leur religion comme la seule vraie.

JACHÈRE : une terre en jachère, c'est une terre que l'on ne cultive pas pendant un certain temps pour la laisser reposer.

MANŒUVRE : travailleur manuel.

MUSULMAN : qui croit à la religion de Mahomet (islam).

NEF : grand navire à voiles du Moyen Âge.

PÈLERINAGE : voyage que fait un fidèle à un lieu saint pour des motifs religieux.

PORTEFAIX : homme dont le métier est de porter des fardeaux.

PROUE : avant d'un navire.

RANÇONNER : demander de l'argent en menaçant.

SALTIMBANQUE : personne qui fait des tours d'adresse, des acrobaties en public.

SERF : dans la société féodale, personne qui n'avait pas de liberté, qui était attachée à une terre et soumise à de lourdes charges.

SCEPTRE : bâton qui est le signe du pouvoir d'un roi.

SYSTÈME JUDICIAIRE : ensemble organisé d'institutions dont le rôle est de rendre la justice.

TERRE SAINTE (LIEUX SAINTS) : nom donné par les chrétiens à la Palestine, où a vécu Jésus et où se trouve son tombeau.

Art du Moyen Âge et art contemporain

Les entrelacs empruntés à l'Irlande chrétienne, d'après David Balade. On dirait des serpents emmêlés...

1 Les ornements du livre : la lettrine, la miniature

Les enlumineurs représentent surtout des scènes religieuses, la vie des rois ou les batailles et, parfois, la vie des paysans. Dans leurs œuvres, on voit des personnages, des animaux et des ornements qu'ils empruntent à l'Irlande et à l'Orient, au retour des croisades.

Les spirales celtiques, d'après David Balade.

Une lettrine :
la lettre majuscule A.

à ton tour !

Matériel : encre noire et de couleur, plume d'acier.

- Reproduis en l'agrandissant la lettre à orner qui représente la lettre majuscule L de lion.
- Dessine une tige verticale et une tige horizontale qui jouent avec cette lettre en passant dessus-dessous. Quand la ligne passe au-dessus, elle coupe la ligne qu'elle rencontre. Quand elle passe au-dessous, elle laisse un petit espace avant et après la ligne qu'elle rencontre. Colorie.

La lettre L à orner.

Et maintenant...

Les artistes contemporains ont, eux aussi, joué avec les entrelacs en utilisant le bronze ou des cordes sur la toile.

D'après *Le Manteau* d'Étienne Martin.

à ton tour !

Matériel : rouleaux de réglisse, rouleaux de carton ondulé à découper en bandes, rubans, laine, corde, ficelle.

Utilise ces différents matériaux en observant la règle dessus-dessous. Tu peux coller cette réalisation sur un fond peint ou la façonner pour fabriquer un animal en volume.

2 Le monstre

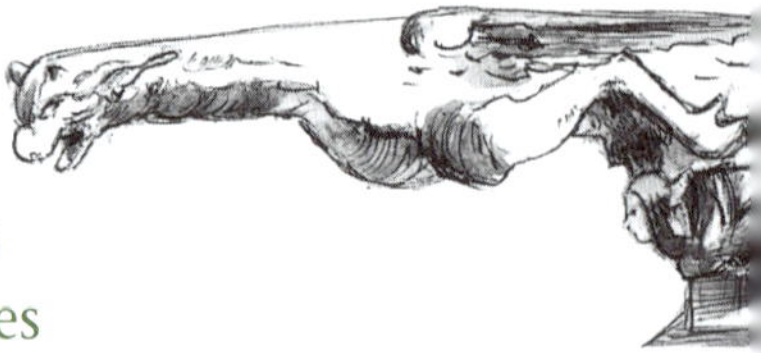

Une gargouille de la cathédrale Notre-Dame de Paris, d'après Viollet-le-Duc.

Les artistes du Moyen Âge pensent que les hommes qui regardent leurs œuvres doivent ressentir une émotion très violente – crainte et joie – et la présence de Dieu. Les sculptures des églises étaient peintes de couleurs éclatantes qui ont disparu avec le temps.
La couleur doit frapper en plein cœur !
Pour faire peur, dragons et tarasques ont inspiré les sculpteurs des cathédrales et les autres artistes qui ont créé des êtres fantastiques.

Un dragon.

Monstre ailé du chapiteau de Chauvigny.

D'après
La dame
à la licorne,
tapisserie.

Matériel : terre, papier mâché, pâte à sel.

• Documente-toi sur les reptiles et les fauves.

• Modèle un animal imaginaire en lui donnant la tête d'un reptile, les ailes d'un oiseau, les pattes d'un tigre, la queue d'un lion…

D'après
Druillet,
Salammbô.

à ton tour !

Matériel : pages en couleurs de revues, papier journal, feutre rouge, feutre noir épais.

Découpe des ovales de différentes tailles et des lanières. Colle-les pour représenter un grand oiseau. Certains découpages pourront se chevaucher. Dessine les contours et l'œil au feutre rouge. Par-dessus cet oiseau, dessine au feutre noir un grand serpent.

3 La lumière : le vitrail

Détail : Charlemagne, cathédrale de Chartres. Roland tente de briser son épée et sonne du cor.

La lumière est magique pour les hommes du Moyen Âge. Elle est un signe du ciel. Voilà pourquoi on la laisse entrer par les vitraux des églises.
Le vitrail est réalisé à partir d'un grand nombre de morceaux de verre teints réunis par du plomb. Ce plomb cerne les contours des personnages et isole les différentes couleurs.
Les couleurs correspondent aux quatre éléments : le bleu à l'air, le vert à l'eau, le brun à la terre et le rouge au feu. On aime le blanc qui représente la lumière, le rouge, le vert, le bleu parce qu'ils donnent de la joie. Mais on évite le noir, le jaune et le violet que l'on trouve tristes.

à ton tour !

Matériel : feuilles de rhodoïd, peinture vitrail, feutres noirs spéciaux indélébiles.

- Décalque une scène d'un tableau en cernant bien les contours du corps, du visage, des membres. Trace des traits qui relient les personnages entre eux.
- Peins chaque petite surface en utilisant la peinture vitrail.

Le vitrail contemporain

De nos jours, de grands peintres continuent de réaliser des vitraux pour les églises ou les synagogues. Mais on trouve aussi des vitraux dans des lieux publics, comme les restaurants.

D'après Soulages, abbatiale de Conques.

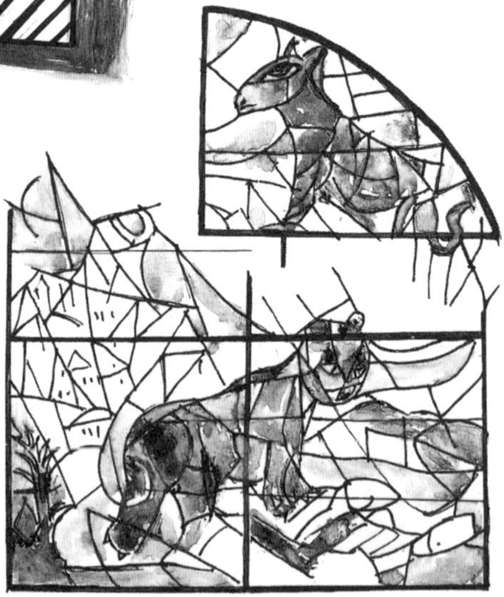

D'après des extraits de *La Tribu de Benjamin* de Chagall.

À partir du vitrail

Dans le vitrail, le plomb assemble les morceaux de verre.
Des peintres ont pris l'idée du cerne de plomb pour inventer des scènes peintes qui ressemblent à des vitraux. Le cerne est devenu décoratif.

D'après *La Petite* de C. Desjades.

à ton tour !

Matériel : page de magazine en couleurs, feutres noirs minces et épais.

Entoure les personnages, les animaux, les maisons… au feutre noir mince.
Trace au feutre noir épais des lignes verticales, horizontales ou obliques qui font voir la scène comme à travers des grillages.

Ouvrage sous la direction
de Claudette Lecuyer,
avec la collaboration de Christine Bialès,
Jean Corbucci, Jean-Pierre Gossart
et Armelle Hiéblot.

Édition : Pauline Bocquillon, Pascale Costet et Sophie Behr.
Illustrations de couverture et de la fiction : Nicolas Wintz.
Illustrations des autres textes : Aude Prunet Foch.
Illustrations des activités artistiques : Claudette Lecuyer.
Conception graphique, mise en page
et couverture : iow 2.10/Aude Prunet Foch.

N° de projet : 10144119
Dépôt légal : janvier 2008
Achevé d'imprimer en France par EMD S.A.S. - N° 18590